AF349568

MÉMOIRE

SUR LA

GRAVURE HÉLIOGRAPHIQUE

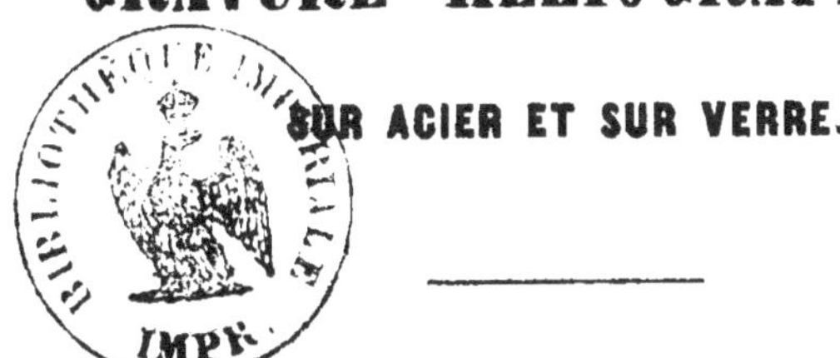

SUR ACIER ET SUR VERRE.

Quoique je n'aie pas encore atteint le but que j'espérais, au point de vue de la sensibilité du vernis, je vais cependant livrer à la publicité le résultat de mes recherches, dans l'espoir qu'elles seront utiles aux opérateurs.

J'ai observé que le bitume de Judée était le corps le plus sensible à l'air et à la lumière ; mais que cette *sensibilité* était excessivement variable.

La pureté du bitume, son exposition à l'air et à la lumière, plus ou moins prolongée, et dans un état de division plus ou moins grand , sont autant de causes de variations dans la rapidité avec laquelle l'air et la lumière l'influencent.

Pour s'assurer de ce fait, on n'a qu'à exposer du bitume de Judée (pulvérisé et en couches minces) à l'air et áux rayons solaires, pendant plusieurs jours, on verra alors que ce même bitume, étant dissous et à l'état de vernis héliographique, aura acquis une *sensibilité* beaucoup plus

1854

grande que celle qu'il avait avant son exposition à l'air
et à la lumière.

Une autre expérience que j'ai faite, et qui est encore
plus frappante, est celle-ci :

Si, après avoir fait dissoudre du bitume de Judée pour
en former un vernis héliographique, on expose le vernis
à l'air et au soleil, pendant environ trois ou quatre heures,
il acquerra une sensibilité double et triple de celle qu'il
avait auparavant, et si on prolonge cette exposition de
quelques heures, on augmentera encore la sensibilité ;
mais il arrive un moment où il faut soustraire le vernis à
ces deux agents, sans cela il ne serait plus susceptible
d'être employé ; c'est ce qui a lieu après qu'il a subi une
exposition de dix à douze heures. On observe alors qu'é-
tendu sur la plaque, il ne reproduit plus une image nette
du modèle, car l'image qui se manifeste par l'action du
dissolvant est imparfaite, elle est comme voilée, ce qui,
du reste et dans de certaines limites, n'est pas un obsta-
cle à l'action de l'eau-forte, et je dirai qu'il est préférable
d'obtenir des épreuves de ce genre dans la chambre obscure, pourvu, toutefois, qu'elles ne soient pas trop voilées.

Des résines (le galipot, par exemple) et des essences,
telles que celles d'amandes amères, de térébenthine, de
citron et autres, exposées à l'air et à la lumière, acquièrent
aussi de la sensibilité.

La benzine qui se colore fortement sous l'influence de
l'air et de la lumière, tandis que l'essence de citron se
décolore, acquiert également de la sensibilité ; mais une
trop longue exposition finit par rendre tous ces corps
complétement inertes.

Un vernis héliographique, renfermé dans un flacon
plein et bien bouché, tenu dans l'obscurité pendant quinze
jours, n'éprouvera aucun changement, tandis que le même

vernis, tenu dans un flacon à moitié plein et exposé à le lumière diffuse d'un appartement, acquerra une rapidité deux ou trois fois plus grande que celle qu'il avait dans le principe.

Quant au dissolvant du bitume de Judée pour en former un vernis héliographique, je n'ai rien trouvé de préférable à la benzine; seulement il est nécessaire d'y ajouter un dixième d'essence pour rendre le vernis plus sensible à la lumière et pour lui donner plus de liant et de viscosité, afin de remplacer la cire, que je supprime.

On peut à cet effet employer plusieurs sortes d'essences, mais toujours dans les proportions d'un dixième avec la benzine.

Toutes les essences ne sont pas propres à former un vernis héliographique; car elles sont plus ou moins sensibles à la lumière, et elles forment un vernis plus ou moins homogène, comme, par exemple, celles d'amandes amères et de laurier-cerise, qui sont les plus sensibles à la lumière, mais qui, à l'état de vernis héliographique, ne donnent pas, après la dessiccation, une couche homogène. On peut obvier autant que possible à cet inconvénient, en chauffant légèrement la plaque vernie pour la sécher promptement; je dis qu'il faut chauffer légèrement, parce que l'action de la chaleur enlève aux essences, et surtout au bitume de Judée, une grande partie de leur sensibilité à la lumière.

L'essence qui donne le vernis le plus onctueux est celle d'aspic pure non distillée; mais celle que je préfère à toutes les essences est celle de zeste de citron pure (obtenue par expression), parce qu'elle donne les plus beaux résultats héliographiques. Le vernis qu'elle forme est très-homogène, plus siccatif et plus sensible à la lumière que celui que l'on prépare avec l'essence d'aspic; seulement il est plus sec, et c'est ce qui fait qu'il donne des traits plus purs.

Je divise les essences en deux catégories, parce que les unes ont la propriété de troubler les éthers sulfurique, azotique, acétique et chlorhydrique; et les autres, la benzine et l'huile de naphte.

Celles qui troublent les éthers ne troublent pas la benzine, et celles qui troublent la benzine ne troublent pas les éthers.

Si on mélange une essence qui trouble les éthers avec une qui trouble la benzine, elles se troubleront mutuellement; mais le précipité disparaîtra assez promptement, et ces essences mélangées troubleront alors les éthers et la benzine, suivant la quantité prédominante de l'une d'elles.

Je vais donner pour exemple de ces faits les résultats suivants :

HUILES VOLATILES.

1re CATÉGORIE.	2e CATÉGORIE.
Troublant les éthers.	Troublant la benzine.
D'anis.	D'amandes amères.
De grande absinthe.	D'aspic.
D'aneth.	De bergamote.
D'angélique.	De basilic.
De bigarade.	De cannelle de Chine.
De badiane.	De cannelle de Ceylan.
De bois de cèdre.	De cannelle giroflée.
De bois de sassafras.	De calamus.
De citron de zeste.	De coriandre.
De cédrat pur.	De cubèbes.
De carvi.	De cajeput.
De cumin.	De girofle.
De charvi.	De géranium rosat.
De copahu.	De lavande.
De céleri.	De fleurs de lavande.

1re CATÉGORIE.

Troublant les éthers.

De camomille romaine.
De petit cardamome.
D'estragon.
De fenouil amer.
De fenouil doux.
De fleurs d'oranger ou néroli.
De gingembre,
De genièvre.
D'hysope.
De macis.
De myrthe.
De muscade.
D'oranger de Portugal.
De petits grains.
De persil.
De poivre.
De rüe.
De Sariette.
De sabine.
De térébenthine.
De valériane.

Les quatre liquides suivants troublent les éthers.

L'huile de naphte rectifiée.
La benzine.
Le sulfure de carbone.
Le chloroforme.

2e CATÉGORIE.

Troublant la benzine.

De laurier-cerise.
De laurier franc.
De menthe pure.
De marjolaine.
De mélisse.
De piment Jamaïque.
De patchouli.
De pouliot.
De roses d'Orient.
De romarin.
De serpolet.
De sauge.
De semen-contra.
De thym.
De tamarin.
De vétiver.
De vin.
De wintergren gaulthéria.
De verveine de l'Inde.

Les trois liquides suivants troublent la benzine.

Les éthers.
L'alcool.
L'esprit de bois.

NOTA. L'essence de mirbade, ou nitro-benzine ne produit aucun effet; il en est de même de toutes les essences artificielles.

On peut facilement, d'après ce tableau, distinguer si une essence de la première catégorie est pure ou mélangée avec une de la seconde; de même pour celles de la deuxième catégorie.

Il est bien important, pour faire ces expériences, d'opérer sur des essences pures et non rectifiées ou distillées, surtout pour celles de la deuxième catégorie, qui par la distillation perdent la propriété de troubler la benzine; mais si une essence de cette catégorie contient une essence de la première, elle 'troublera les éthers, quoique ayant été rectifiée ou distillée, parce que celles de la première catégorie ne perdent jamais la propriété de troubler les éthers.

Parmi les essences qui troublent les éthers, je citerai celle de térébenthine, comme produisant le maximum d'effet, sans perdre cette propriété, quand bien même on la porte à l'ébullition, et il en est de même de toutes les essences de cette catégorie.

Parmi les essences qui troublent la benzine, je citerai celles d'amandes amères et de laurier-cerise, comme produisant le maximum d'effet ; viennent ensuite toutes les variétés de lavandes, parmi lesquelles celle d'aspic pure, non rectifiée, produit le plus grand trouble dans la benzine; mais, dans les deux catégories, les essences produisent ces effets à différents degrés, et le précipité n'a plus lieu avec un excès.

Si l'on chauffe une essence de la deuxième catégorie en vase clos, elle ne perd pas cette propriété ; mais si, au contraire, on la chauffe à l'air libre, à une température un peu au-dessous de celle de l'ébullition, elle perd promptement la propriété qui auparavant lui faisait troubler la benzine ; elle ne la perd pas, si on la laisse à l'air libre, à la température de l'atmosphère.

On verra, plus loin, que j'ai utilisé ce principe des essences de la deuxième catégorie, pour consolider mon vernis héliographique, et reconnu que toutes les essences de la première catégorie sont impropres à cet usage.

Il résulte de toutes ces observations que j'ai modifié mon vernis de la manière suivante :

Benzine.	90 grammes
Essence de zeste de citron pure.	10 —
Bitume de Judée pur.	2 —

Ce vernis, beaucoup plus fluide que celui dont j'ai pu-
blié déjà la préparation, a l'avantage de donner une couche plus mince ; et plus la couche est mince, plus il y a
d'accélération dans l'effet produit par la lumière, plus il y
a de pureté dans les traits, et plus il y a de demi-teintes ,
si toutefois l'exposition à la lumière n'a pas été trop prolongée.

Ce vernis n'a qu'un inconvénient, c'est celui de ne pas
offrir quelquefois assez de résistance à l'action de l'eau-
forte ; mais, au moyen des *fumigations* dont je vais par-
ler, on peut consolider la couche de vernis la plus mince.
On procède à cette *fumigation* après que la plaque a subi
l'action de la lumière et celle du dissolvant.

Voici la manière d'opérer les *fumigations*.

On a une boîte semblable à celle qui sert à passer la
plaque daguerrienne au mercure, fermant hermétiquement,
de la dimension des plus grandes plaques d'acier sur lesquelles on doit opérer ; parce qu'au moyen de deux petites
barres mobiles appuyées sur des liteaux placés dans l'in-
térieur, on éloigne ou l'on rapproche les barres, selon la
dimension de la plaque.

Dans le fond de la boîte, qui doit se trouver à une cer-
taine hauteur du sol, on place une capsule de porcelaine
dans l'ouverture ronde d'une feuille de zinc, on chauffe
la capsule (contenant de l'essence d'aspic pure non distillée ou rectifiée) avec une lampe à alcool, de manière à
porter la température de 70 à 80 degrés au plus, afin d'é-
viter de volatiliser une trop grande quantité d'huile essen-
tielle, car alors le vernis se dissoudrait, et ne présenterait
pas, comme cela doit être, une couche brillante et de couleur bronze , semblable au premier aspect de la plaque
vernie avant l'exposition à la lumière.

Je recommande, dans ces *fumigations*, de ne chauffer

l'essence que jusqu'à ce qu'il y ait un léger dégagement de vapeur, de prolonger l'exposition de 2 ou 3 minutes, de chauffer de nouveau, et de recommencer une seconde *fumigation*, si cela est nécessaire (la même essence peut encore servir à une seconde fumigation, mais pas au delà); laisser ensuite bien sécher la plaque, en l'exposant un instant à l'air avant de faire mordre à l'eau-forte, et si les opérations ont été bien faites, on aura une résistance complète, qu'il faut même éviter de porter à l'excès, parce que l'eau acidulée n'agirait plus. Dans ce dernier cas, on peut, quelquefois, faire attaquer la plaque par l'acide, en la retirant de l'eau une ou deux fois, et en la soumettant au contact de l'air.

Toutes les essences de deuxième catégorie peuvent être employées en fumigations, leur action sera en rapport avec le trouble qu'elles produisent dans la benzine; ce qui fait que certains graveurs préfèrent, par exemple, l'essence de bergamote (que j'ai indiquée) à celle d'aspic, qui agit trop fortement et qui graisse un peu la plaque, ce qui nuit parfois à l'action du grain d'aqua-tinta.

Les images obtenues dans la chambre obscure et qui sont voilées (ou non entièrement découvertes, comme je l'ai dit), n'ont besoin généralement que d'être soumises à la vapeur de l'essence de bergamote, qui est moins active que celle d'aspic.

Les essences qui sont propres à composer un vernis héliographique peuvent aussi être employées en vapeur, pour augmenter la sensibilité des plaques vernies, mais il est difficile d'en régler l'action.

Je recommande de ne faire mordre une planche d'acier que lorsque l'opération héliographique est bien réussie.

La première condition pour obtenir une bonne image

héliographique, c'est d'avoir une belle couche de vernis sur la plaque d'acier, qu'elle soit exempte de grains de poussière et de bulles d'air, qui forment autant de petits trous après la dessiccation.

Quant à la durée de l'exposition à la lumière, elle est très-rapide quand on opère par le contact d'une épreuve photographique sur verre ou sur papier; mais elle ne l'est pas encore assez pour que l'on puisse opérer facilement dans la chambre noire : cependant on obtient des épreuves avec assez de rapidité, en opérant avec un vernis composé de bon bitume de Judée, et qui a été convenablement exposé à l'air et à la lumière.

J'ai composé un vernis complétement imperméable à l'acide, sans le secours *des fumigations*; il suffit pour cela de mettre dans le vernis un gramme de caoutchouc, dissous préalablement dans l'essence de térébenthine, en forme de pâte onctueuse; mais alors il ne peut supporter la chaleur à laquelle on est obligé de soumettre la plaque métallique pour appliquer le grain d'aqua-tinta nécessaire pour la reproduction des épreuves photographiques.

Ce vernis est excellent pour l'application que j'ai faite de la gravure héliographique sur verre. On opère dans ce cas comme sur la plaque métallique, puis on soumet la plaque de verre à l'action de la vapeur de l'acide fluorhydrique pour graver en mat, ou bien on couvre la feuille de verre de cet acide hydraté pour graver en creux; on obtient ainsi de très-jolis dessins photographiques gravés sur verre, et si l'on opère sur un verre rouge dont la couleur n'est appliquée que d'un seul côté, on a un dessin blanc sur un fond rouge; on pourrait obtenir des dessins blancs sur toute espèce de verre de couleur.

Avant de terminer ce Mémoire je citerai, dans l'intérêt de la science, les expériences suivantes que j'ai faites.

1° On sait, par la publication de M. Chevreul, qu'une plaque enduite d'un vernis héliographique ne s'impressionne pas dans le vide lumineux. Si l'on place une plaque vernie dans l'obscurité, mais à un courant d'air atmosphérique, comme, par exemple, dans un long tube de tôle, il arrivera au bout de huit jours que, si l'on verse du dissolvant sur le vernis, il n'agira presque plus, ce sera comme si la plaque avait été soumise pendant quelque temps à l'air et à la lumière.

2° J'ai renfermé dans une boîte bien close une plaque vernie, qui avait été soumise à l'action de l'air et de la lumière, et dont le vernis était devenu insoluble à l'action du dissolvant ; quinze jours après, il était dans le même état : donc, le vernis ne s'était pas reconstitué dans son état primitif, comme l'opinion en a été émise.

Tels sont les faits qui se rattachent à la question de la gravure héliographique ; et, si malgré le pas immense qu'elle a fait depuis un an, elle n'est pas encore arrivée au degré de perfection que j'espère lui voir atteindre un jour, on peut juger de son état actuel par le portrait de l'empereur Napoléon III et par une épreuve d'un monument que j'ai l'honneur de présenter à l'Académie.

Avant peu, j'espère présenter des épreuves gravées dans la chambre obscure et obtenues en fort peu de temps, soit par un vernis très-sensible, soit par le concours d'un gaz répandu dans la chambre obscure.

NIÉPCE DE SAINT-VICTOR.

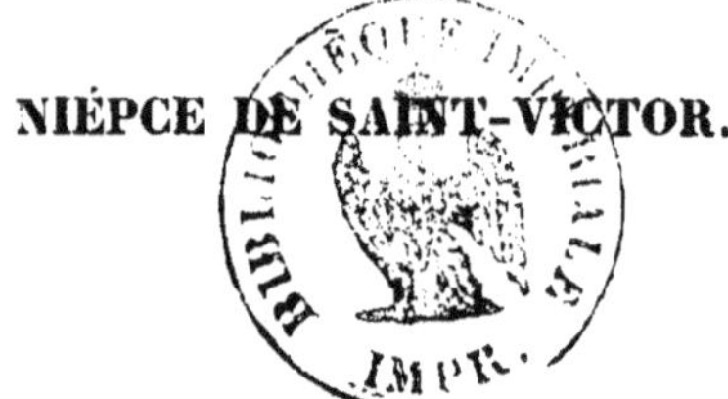

NOTA.

—

Le portrait de l'Empereur a été retouché ; mais la vue du Louvre est *sans aucune retouche*.

Les opérations héliographiques ont été faites par Mme Pauline Riffaut, et celles du graveur, par M. Riffaut, sculpteur.